Vincenzo Raucci

STORIA (E FILOSOFIA) DELLA SALUTE MENTALE

ATTRAVERSO I PROVERBI E I MODI DI DIRE DEI DIALETTI ITALIANI

Titolo | Storia (e filosofia) della salute mentale attraverso i proverbi
e i modi di dire dei dialetti italiani
Autore | Vincenzo Raucci
ISBN | 978-88-27867-21-1

Copertina: disegno e progetto grafico di Giada Raucci
Illustrazioni interne: Giada Raucci

Youcanprint Self-Publishing
Via Marco Biagi 6 - 73100 Lecce
www.youcanprint.it
info@youcanprint.it

Introduzione

L'Enciclopedia Treccani definisce il proverbio *"Breve motto, di larga diffusione e antica tradizione, che esprime, in forma stringata e incisiva, un pensiero o, più spesso, una norma desunti dall'esperienza"*.

Usato da sempre e in tutte le culture, esso non tramanda, però, né un sapere consolidato né tantomeno dogmatico, ma offre, a seconda delle situazioni o dei contesti storici, stimolanti chiavi di lettura di ciò che accade.

Lo scrittore spagnolo Miguel de Cervantes (1547-1616) diceva che i proverbi sono le *"frasi corte disegnate dalle esperienze lunghe"*, ovvero dalle esperienze dei popoli, tant'è che di modi di dire è impregnata la storia di tutte le culture, ad ogni latitudine.

La storia dei proverbi è più antica di qualsivoglia, primordiale forma di scrittura, anzi: proprio per la sua capacità di restare impresso, ora come monito, ora come insegnamento, il proverbio può considerarsi uno dei primissimi tentativi (ben riuscito, visti i risultati) di tramandare, all'interno di sistemi interpersonali e intergenerazionali, norme e regolamenti di vita; tant'è che se ne rinviene un ampio uso sia nella tradizione ebraica che in quella araba.

Tuttavia, non possono essere presi ad esempio per tramandare verità assolute, data la singolare proprietà di smentirsi l'un l'altro. Si prenda, come esempio, il detto *"Chi fa da sé, fa per tre"* che contrasta palesemente con quello che recita *"L'unione fa la forza"*, oppure i proverbi contraddittori *"Chi troppo vuole nulla stringe"* e *"Chi non risica non rosica"*.

Insomma: nulla di troppo serio, ma nemmeno di troppo leggero… questo è lo spirito col quale mi accingo a proporvi questo libro di raccolta di proverbi dialettali italiani, aventi per protagonisti i "matti". Così come i proverbi ci raccontano le *"esperienze dei popoli"*, allo stesso modo vorrei raccontarvi, attraverso questa raccolta, l'esperienza dei popoli rispetto al tema della salute mentale. Fondendo, cioè, la tradizione, l'esperienza, i luoghi comuni, i detti e i non detti, la storia, la filosofia, le leggende dipingerò un inedito quadro, neanche troppo astratto, che parli di follia.

> *"La follia è un quadro astratto*
> *dove l'autore dipinge ciò che sente*
> *ed ognuno ci vede ciò che vuole"*

Prefazione

Prima di lasciarvi alla lettura del libro è necessario farvi alcune doverose precisazioni.

I detti e i proverbi qui contenuti hanno richiesto un lungo lavoro di ricerca eppure, ne sono consapevole, ne mancano sicuramente moltissimi.

Ad un certo punto, però, ho deciso per la pubblicazione, dato che ero arrivato ad un punto morto: avevo esaurito ogni mia fonte o punto di riferimento e non mi restava che affidarmi ai miei futuri lettori per nuovi spunti, nuove citazioni, nuove testimonianze popolari.

Difatti la mia preghiera va a voi, gentili lettori: chiunque sia a conoscenza di detti e proverbi dialettali aventi come argomento i "matti" è pregato di inviarmeli, sia con relativa traduzione, sia con eventuali storie ad essi collegate.

Altresì vi prego di inviarmi appunti e precisazioni in merito a quanto ho ritrovato e pubblicato in questo libro: non è detto che la regione di provenienza, la frase in dialetto, la traduzione o altro siano riportate correttamente.

Tutto questo in attesa di poter pubblicare, fra qualche anno, una *Storia (e filosofia) della Salute Mentale* più completa, al fine di realizzare una testimonianza valida ed esauriente di un pezzo di storia e cultura italiana.

Due parole ancora sul metodo che ho scelto per elencare i detti e i proverbi.

Inizialmente avrei voluto suddividerli per regione ma, procedendo nei lavori, ha preso forma nella mia testa l'idea di un paese unito, tant'è vero che molti detti popolari sono comuni a moltissime regioni italiane.

Allora ho sciolto la rigida suddivisione campanilistica che avevo usato, per comodità, all'inizio e ho elencato le frasi in un più semplice e convenzionale ordine alfabetico.

Infine, lo noterete proseguendo nella lettura, ho voluto inserire, qua e là, alcune "storie psichiatriche" che avessero una qualche attinenza col proverbio che le precede.

"Storia (e filosofia)", dice il titolo. Ed è mia intenzione, in una prossima stesura del libro, ampliare questi aneddoti, queste storie, in modo da dare un valore ancora più grande a quello che sarebbe altrimenti stato un semplice "raccoglitore" di detti popolari.

Bene. E ora non mi rimane che ringraziarvi e augurarvi una buona lettura.

Vincenzo Raucci

a Graziella

001

A BATT ON MATT EL DEVENTA PUSSEE MATT

(Picchiare un matto lo fa diventare ancora più matto)

Metodi severi

Fin dall'alba dei tempi i trattamenti violenti nella cosiddetta "cura" delle malattie mentali l'hanno fatta da padroni; purghe, salassi, bagni caldi e freddi, catene, sevizie e torture varie hanno rappresentato le uniche opportunità per provare a liberare i malcapitati dal "germe" della follia.

I luoghi nei quali i malati venivano rinchiusi (ancora fino alla fine del secolo scorso) non erano molto diversi dalle prigioni nelle quali venivano segregate persone ree di qualche colpa (tanto che la malattia mentale, per molto tempo e, in tante culture ancora oggi, è stata assimilata ad una colpa). In molti manicomi le persone ivi rinchiuse venivano trattate come bestie feroci, bastonate, incatenate oppure sottoposte al supplizio della fame e della sete.

Questo proverbio vuole affermare il principio che la violenza non può educare ma che, anzi, fa precipitare il malato all'interno di un baratro dal quale sarà ancora più difficile risalire. A tale proposito sarà utile ricordare il caso della famiglia Schreber (Vincenzi, 2007).

Il dottor *Daniel Gottlieb Moritz Schreber* (1808-1861), fu un famoso medico tedesco e uno studioso di pedagogia: le sue teorie educative furono ritenute estremamente valide anche molti anni dopo la sua morte. Egli affermava che la società tedesca di allora fosse "fiacca" e "in decadenza" soprattutto a causa della mancanza di disciplina nell'educazione dei bambini.

Schreber affermò che *"Tutte le ignobili o immorali emozioni devono essere stroncate al loro primo apparire"*; applicò, quindi, metodi coercitivi per forgiare corpo e mente: il "reggitesta", per tenere dritto il capo, il "raddrizzatore della schiena" o il "raddrizzaspalle", per il busto, fasce contenitive per costringere durante il sonno alla posizione supina (dormire a pancia in giù poteva eccitare i genitali), pulizie personali con acqua fredda per impedire il "vizio" (siamo in Germania, non ai Carabi!).

All'interno di questo ambiente sessuofobico, malsano, sadico, morboso, intriso da fanatismo religioso crebbero i figli del dottor Schreber, i quali svilupparono gravissime malattie mentali: Daniel Paul (1842-1911) morì in manicomio di schizofrenia paranoide, Daniel Gustav (1839-1877) morì suicida (soffriva di "melanconia"), Sidonie (1846-1924) soffrì anch'essa di gravi disturbi mentali.

002

A LE LAGREME DE UN EREDE,

XE MATO CHI GHE CREDE

(Alle lacrime di un erede, è matto chi ci crede)

Stesso significato:

VALLI LADINE DEL TRENTINO

AL VAÉR DE CHEL CHE RITA

NO GE FAIÉ GRAN CONT

(Alle lacrime di chi eredita non fai gran conto)

003

AL DA FO DE MATT!

(Dà fuori da matti!)

Si può anche dire:

CHÈL LE AL MENA 'L MAT

(Mena come un matto)

004

'A FEMMENA PE' LL'OMMO

ADDEVENTA PAZZA,

L'OMMO P'A FEMMENA

ADDEVENTA FESSO

*(La donna per l'uomo impazzisce, l'uomo per la
donna rincitrullisce)*

AH, L'AMOUR!

Si dice che l'amore, in qualche maniera, renda gli amanti folli e in qualche modo è vero: durante l'innamoramento siamo capaci di pazzie, smarriamo spesso il senso di realtà, perdiamo la stabilità. L'immagine del nostro *"oggetto d'amore"* ci invade i pensieri, non riusciamo a pensare ad altro, diventiamo un po' ossessivi, paranoici, ansiosi… quasi come se ci fossimo ammalati di qualche disturbo mentale. Ma l'amore non è una malattia, ovviamente… non compare nemmeno nei manuali psichiatrici diagnostici! Tuttavia, l'innamoramento assomiglia molto, dal punto di vista biochimico, al *disturbo ossessivo-compulsivo*: in entrambi i casi si riducono i livelli di serotonina.

Al pari di una droga, diventa una meravigliosa dipendenza, quando è ricambiato, ma si trasforma in un tormento se non lo è. Se il nostro amato ci manca, andiamo *"in astinen-*

za", ma è più facile andare *"in overdose"*, tanta è la voglia di stargli accanto.

Insomma: l'amore è una delle più potenti esperienze che ci possa capitare e, in quanto tale, ci può far volare o ci può far precipitare in un abisso profondo.

005

A IUMI CITTU Ù JI A PISCARE

(Nel fiume silenzioso non conviene andare a pescare)

Gli introversi, ottimi capi!

Le persone introverse, dalle quali il proverbio, con una metafora, invita a stare lontani, sono persone normali. Almeno tanto quanto quelle estroverse.

Diversamente da queste, le persone introverse analizzano situazioni e pensieri in maniera più lenta e approfondita. Sono spesso incomprese e sopravvive ancora lo stereotipo secondo il quale le persone di successo devono essere estroverse.

Sia chiaro: nessuno dei due caratteri è il migliore ma, secondo la scrittrice Jennifer B. Kahnweiler, autrice di *"The Introverted Leader"*, nonostante si tenda a collegare la leadership con le persone estroverse, gli individui introversi sarebbero più portati per essere leader.

Secondo un articolo pubblicato sulla rivista Forbes, infatti, l'autrice afferma che gli introversi hanno cinque caratteristiche principali che li convertono in ottimi capi:

1. La capacità di pensare prima di parlare;
2. Riflettono in profondità e non superficialmente;
3. Trasmettono calma e fiducia;
4. Comunicano maggiormente attraverso la scrittura;
5. Preferiscono la solitudine per prendere decisioni e valutare pro e contro.

006

A LI MULI NO JI STA RETO,

A LI MATTI STAI LONTANO

(Ai muli non stare dietro, dai matti stai lontano)

007

A LLU PACCIU TICI FUCI?

(Al pazzo dici di correre?)

Stesso significato:

PUGLIA

A LLU PÀCC' DÍSC' "FÚSC'"?

008

'A RROBBA VECCHIA MORI

A' MANI D'I PACCI

(Le cose vecchie muoiono in mano ai pazzi)

009

A SANT ANTONI ABAT

AL SALTA FORA TÜCC I MAT

(A Sant'Antonio abate saltan fuori tutti i matti)

010

AL SARTOR MAT AL TÀCA

LI PÉSI FORA DAL BUZ

(Il sarto matto attacca le pezze lontano dal buco)

011

AMOR DE MARE, AMOR DE MATO

(Amore di madre, amore pazzo)

Madri assassine

Su questo detto ricordiamo il mito di Medea, una figura appartenente alla mitologia greca e rappresentata in molte commedie teatrali, una donna lacerata dall'amore.

Talmente distrutta nell'animo che, per vendicarsi del suo uomo, Giasone, che sceglie di sostituirla con una nuova amante, lo uccide. Non solo: tradendo la sua natura di madre decide di vendicarsi uccidendo anche i due figli avuti dall'uomo, in modo da precludere alla stirpe di Giasone qualsiasi discendenza. Questo modo folle di amare, fino a scegliere di distruggere la propria progenie ha poi avuto, nella storia, molte protagoniste fino alle più recenti, ancora vive nella nostra memoria, *Annamaria Franzoni* (delitto di Cogne, 2002), *Daniela Falcone* (delitto di Rovito, 2014), *Edlira Copa* (delitto di Lecco, 2014), *Veronica Panarello* (delitto di Santa Croce Camerina, 2014) e *Natalia Sotnikova* (delitto di Bordighera, 2014).

Non vi è, a detta degli psichiatri, una malattia psichiatrica particolare, dietro i matricidi e nemmeno c'è correlazione tra questi e la depressione post partum.

Sono coinvolti, molto di più, taluni aspetti dell'identità della persona.

Non si accetta, ad esempio, che un figlio possa crescere e sciogliere il nucleo familiare, o che il figlio possa crescere diversamente da come la madre avrebbe voluto.

E poi non è così scontato che una madre debba amare il proprio figlio.

Ci sono figli non amati: un figlio non voluto non è amato; un figlio che ha alterato la qualità della propria vita può non essere amato.

012

AVIRE SALE 'NTRA 'A CUCUZZA

(Avere sale, ovvero giudizio, in testa)

ZUCCHE VUOTE, ZUCCHE PIENE

Le origini di questo detto si perdono nella notte dei tempi: il sale, in antichità, era considerato un bene prezioso; tra gli antichi romani si usava come denaro corrente (da qui il termine "salario") e, lungo le vie del sale (es.: la via salaria), sorsero importanti città.

Il sale era prezioso, al pari del danaro, poiché permetteva di fornire alla dieta il giusto apporto di sali minerali, di dare sapore ai cibi, di conservare gli alimenti.

Nel mondo contadino alcuni tipi di zucche (es.: la *Lagenaria siceraria*) venivano usate, una volta svuotate della polpa, come contenitori, sia per solidi che per liquidi.

Diventavano, quindi, ottimi contenitori per i preziosi cristalli di sale (le testimonianze pittoriche sono numerosissime e non di rado si possono notare, fin dalle prime raffigurazioni dei santi, le belle fiaschette vegetali appese alla cintura o ai bastoni dei viandanti).

Avere una zucca vuota era, quindi, sinonimo di povertà e, da quando il termine "zucca" è diventato anche sinonimo di "testa", una zucca vuota è diventato sinonimo di povertà dell'intelletto, di carenza di contenuto, ovvero di materia grigia.

C'è, infine, anche una spiegazione botanico-biologica: la polpa della zucca è ricca di acqua e povera di sale, quindi avere del "sale in zucca" è da considerarsi un evento rarissimo e la persona in questione essere considerata di un'intelligenza superiore alla norma. D'altro canto, il termine "insipido" viene usato spesso per indicare una persona insignificante, banale, priva di "salacità".

013

BONE PAROLE E CATIVI FATI, INGANA SAVI E MATI

(Le buone parole e le cattive azioni ingannano savi e matti)

Stesso significato:

I BEJ PAROLL E POEU I TRIST FATT, INGANNEN TANT I SAVI COME I MATT

(Le buone parole e i fatti tristi ingannano savi e matti)

CU LIS BIELIS PERAULIS E I BRUZ FAZ S'INGJÀNIN SAVIS E MAZ

(Con le buone parole e i brutti fatti si ingannano savi e matti)

BONI PAROLI, CATIVI FAT, J'ANGANANO I SAVI E I MAT

(Buone parole, cattivi fatti, ingannano i savi e i matti)

PSICHIATRIA DI STATO

Come ad esempio in politica! Quante volte, nel corso della storia, siamo stati ingannati dalle *"promesse da marinaio"* dei nostri politici? E quante volte la politica ha costruito *"ad arte"* una falsa verità scientifica?

E' il caso, ad esempio, della gestione dei manicomi durante il ventennio fascista.

In quel periodo si medicalizzò il dissenso e la scienza psichiatrica abdicò a favore dell'ideologia di regime.

Finirono, così, in manicomio non solo persone affette da un disturbo psichico, ma vagabondi, prostitute, omosessuali e moltissimi dissidenti politici.

Chi era "sovversivo" o aveva idee "libertarie" finiva per essere accusato di "pericolosità sociale" e veniva condotto in manicomio.

A testimonianza di ciò, riporto qualche dato: il numero degli internati in manicomio salì da 12.913 nel 1875 a 39.500 nel 1905, a 62.127 nel 1927 fino a 94.946 nel 1941.

Queste cifre rappresentano un indicatore significativo di quanto fossero aumentati, in quegli anni, il disagio sociale e la sofferenza psichica ma anche il controllo sociale e l'espulsione sistematica, dalla società civile, delle categorie più fragili.

Il concetto di *"pericolosità sociale"*, ancora vivo, seppur in forme dissimulate, ai giorni nostri è figlio delle teorie fasciste sull'*"igiene della razza"*.

Concetto che finisce per influenzare pesantemente sia i legislatori che la pratica psichiatrica. Cambiano i nomi (manicomio, ospedale psichiatrico, OPG, REMS,...) ma non la sostanza.

014

CAÀRE FÒRI DAL VASO

(Cacare fuori dal vaso)

E' analogo all'uscire dal seminato. Significa fare cose insensate, impazzire, ma anche prendersi troppe confidenze, esagerare. *"Stai caàndo fòri dar vaso"* è quasi la versione toscana del romano *"Nun t'allargà"*.

015

CCÙ LLU RUGNÙSU MANGIA E VIVI, MA ALLÙ LIETTU NUN DORMÌRE

(Con il rognoso mangia e bevi, ma non andarci assieme a letto)

016

CHI BALLA SENSA SON Ò

O L'È MATTO OPPÛ MINCION

(Chi balla senza musica o è matto o è un minchione)

Stesso significato:

PIEMONTE

CHI È BALA SENSA SON,

L'È 'N GRAN COION

(Chi balla senza suono, è un gran coglione)

CHI BALA SANZA SAN,
O L'È MAT O MINCIÀN

(Chi balla senza suono, o è matto o minchione)

LAZIO

BALLI SENZA SONI,
BALLI DE MINCHIONI

(Balli senza suoni, balli di minchioni)

LOMBARDIA

CHI BALLA SENZA SON,
BALLA DE MINCION

(Chi balla senza suoni, balla da minchione)

017

CHI CHE CANTA A TÀULA E IN LETT

I È MATT PERFETT

(Chi canta a tavola e a letto è matto perfetto)

Stesso significato:

CHI S-CÈFLA A TÉVLA E CANTA ALET, L'È UN MAT PERFET

(Chi fischia a tavola e canta a letto è un matto perfetto)

CHI ZCUR A TEVLA E TAL LETT, L'È UN MATT PERFET

(Chi parla a tavola e a letto è un matto perfetto)

CHIE RIET IN BANCA E IN LETTU, O EST MACU O EST FELTU

(Chi ride a tavola e a letto o è matto o è scemo)

CHINI CANTARA IN MESA
O IN LETTU, O È MACCU O È FETTU

(Chi canta a tavola o a letto o è pazzo o è stolto)

CHI CANTA A TAOLA E A LET,
MAT PERFET

(Chi canta a tavola e a letto, matto perfetto)

CHI CANTA A TOLA O IN LETO,
XE MATO PERFETO

(Chi canta a tavola o a letto, è matto perfetto)

Portami su quello che canta…

Un giorno di primavera, nel cortile del manicomio di Collegno, un paziente passeggia e canta ad alta voce; dal suo studio, il dott. Coda, probabilmente infastidito dal frastuono, chiama l'infermiere e gli dice "Portami su quello che canta". L'elettroshock lo terrà tranquillo per qualche giorno o, almeno, per qualche ora, giusto il tempo di terminare la relazione per il convegno.

Quanto appena raccontato faceva parte di un modus operandi dello psichiatra Giorgio Coda (1924) e del suo staff (medici e infermieri) il quale, negli anni trascorsi a Collegno, aveva praticato circa cinquemila elettroshock o elettromassaggi (come definiva le scariche elettriche in regione pubica).

Il medico venne poi processato e condannato (sentenza esemplare e di grande eco, in quegli anni) nel 1974 a cinque anni di reclusione poiché ritenuto responsabile dell'uso (abuso) a scopo punitivo e non terapeutico dell'elettroshock. Un processo che, per la prima volta, contrappose scienza e giustizia e che vide la vittoria di quest'ultima. *"Il sadismo in nome della scienza. Il disprezzo della persona umana spogliata di ogni elementare diritto. Il feroce empirismo, la gratuità e l'unicità dei trattamenti che escludono ogni sospetto di scientificità. La punizione e la tortura mascherate da necessità terapeutiche. La violenza in nome della normalità"* (Stajano, 1977).

Gli atti sono stati minuziosamente narrati da Alberto Papuzzi (1942) nel libro "Portami su quello che canta" (1977), per i tipi della Einaudi. Da ricordare anche un passaggio, nel film "La meglio gioventù" (2003), di Marco Tullio Giordana (1950).

018

CHI CH'CARDESS A TOT QUEL CHE
PO' INSUGNÊ, MAT È PO' DVINTÊ

*(Chi credesse a tutto quello che può sognare,
matto può diventare)*

019

CHI CURPA HA LA GATTA SI LA
MASSARA É MATTA?

(Che colpa ha la gatta se la massara è matta?)

Stesso significato:

CHE CÒULPA N'HA LA GATA, SE LA MASÈRA L'È MATA?

(Che colpa ha la gatta se la massara è matta?)

L'À MIA CULPA LA GATA SE LA MASSERA L'È MATA

(Non ha colpa la gatta se la massara è matta)

ITE CULPA ND'HAT S'ATTU, QUANDO SA PADRONA EST MACCA?

(Che colpa ha la gatta, quando la padrona è matta?)

CE CURPA HAE LA GATTA SE LA PATRUNA È MATTA?

(Che colpa ha la gatta se la padrona è matta?)

CHE COLPA GHE N'HA LA GATTA, SE LA MASSARA L'È MATTA?

(Che colpa ha la gatta, se la massara è matta?)

CHE 'NCE AVE 'A FA' 'A GATTA, SI 'A PATRONA È PAZZA?

(Che colpa ha la gatta, se la padrona è pazza?)

EN HA CAGION LA GATTA, SE LA MASÈRA È MATTA

(Che colpa ha la gatta, se la massara è matta)

020

CHI DICE D'AÉ SEMPRE 'RAGLJONE E MAI SBAGLJÀ, SICURAMENTE È UN MATTU DA LEGÀ

(Chi dice di avere sempre ragione e mai sbagliare,
sicuramente è un matto da legare)

021

CHI DICE SEMPE NU FATTE

O È MBRIACHE O MATTE

(Chi dice sempre la stessa cosa o è ubriaco o è matto)

022

CHI XE COVERTO QUANDO PIOVE,

L'È BEN MATO SE 'L SE MOVE

(Chi è al coperto quando piove, è ben matto se si muove)

Stesso significato:

TOSCANA

CHI È AL COPERTO QUANDO PIOVE, È BEN MATTO SE SI MUOVE; SE SI MUOVE E SE SI BAGNA, È BEN MATTO SE SI LAGNA

(Identico)

023

TOSCANA

CHI FA QUELLO CHE VEDE FARE O GLI È PAZZO O VOLE IMPAZZARE

(Chi fa quello che vede fare, o è pazzo o vuole impazzire)

024

CHI INVEGGIS IMMATTISS

(Chi invecchia ammattisce)

025

CHI MATTO MANDA, MATTO ASPETTA

(Identico)

026

CHI NASCE MATTO NÖ GUARISCE MAI

(Chi nasce matto non guarisce mai)

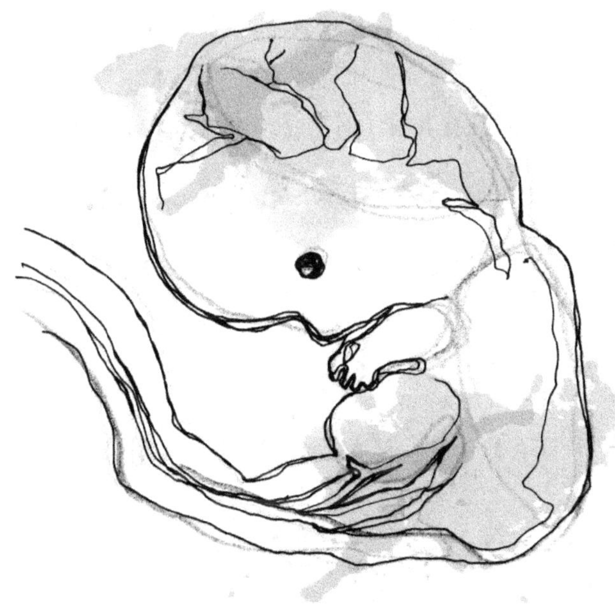

Stesso significato:

CHI NASSE MATO NO GUARISSE MAI

(Chi nasce matto non guarisce mai)

CHI NASSI MATO
NO GUARISSI MAI PIÙ

(Chi nasce matto non guarisce mai più)

CUI CH'AL È MAT NOL VUARIS MAI
E S'AL VUARIS AL È
FURTUNÂT ASSAI

*(Chi nasce matto non guarisce mai e se guarisce
è fortunato assai)*

CHI NASS MATT MAI PI GUARISS

(Chi nasce matto mai più guarisce)

CHI NAS MAT, AN GUARÉSS MAI

(Chi nasce matto non guarisce mai)

GUARIGIONE O RECOVERY?

Nella cultura occidentale abbiamo via via interiorizzato il concetto di guarigione come "restitutio ad integrum", ovvero come *"ritorno a come stavamo prima di ammalarci"*.
In realtà non è mai così, magari fosse!
Da ogni malattia, più o meno grave, psichica o fisica, non si guarisce mai tornando com'eravamo, ma resta sempre qualcosa, una piccola "cicatrice" dentro ognuno di noi.

"Chi nasce matto non guarisce mai" ma, secondo Coleman (1999) la recovery non sta a significare *"[...] un esito coincidente al ritorno alla condizione precedente al problema, quanto più un percorso che è volto alla attivazione di risorse che permettono al soggetto di vivere in maniera piena la sua vita"*.

Possiamo, quindi, affermare che *"chi nasce matto può sicuramente guarire"*.

027

CHI PÙ, CHI MANC, TUCC GHE

N'HEMM ONA RIMMA

(Chi più, chi meno, tutti ne abbiamo una vena - di follia)

Stesso significato:

SE N' PATÉS T ÖC ÖNA RAMA

(Se ne patisce tutti un ramo)

TUTTI CE N'AVEMO UN RAMO

(Tutti ce ne abbiamo un ramo)

028

CHI PUTA INTRA MARZU,

O È ASINU O È PAZZU

(Chi pota a marzo, o è asino o è pazzo)

029

CHI RIDE SENZA PECCHÉ O È FESSO

O 'NCE L'AVE CU' MME

(Chi ride senza perché o è fesso o ce l'ha con me)

Stesso significato:

CHI RIDE SENZA UN PERCHÉ, O È MATTO, O LO VO' PARÉ

(Chi ride senza un perché, o è matto, o vuole sembrarlo)

CHI RIDE SENZA NU PICCHÉ, O È MATTE O RIDE PE' MMÈ

(Chi ride senza un perché, o è matto o ride di me)

030

CHI SCHIVA UN MATT

FA UNA BONA GIORNADA

(Chi schiva un matto ha fatto una buona giornata)

031

CHI TÈ NU PURCHE SULE LU FA
GRASSE, CHI TÈ NU FIJE SULE
LU FA MATTE

(Chi ha un maiale solo lo fa grasso,
chi ha un figlio solo lo fa matto)

FRIULI-VENEZIA GIULIA

CUI CH'AL À UN SÔL CJAMP AL FÂS UN ORT, CUI CH'AL À UN SÔL FI AL FÂS UN PORC

(Chi ha un solo campo lo fa orto; chi ha un solo figlio lo fa porco)

MARCHE

CHI' 'LLÉA UN PORCU LU 'LLÉA GRASSU; CHI 'LLÉA UN FIJU LU 'LLÉA MATTU

(Chi alleva un porco lo fa' grasso; chi alleva un figlio lo fa' matto)

CHI GA UN PORCO SOLO LO FA GRASSO E CHI GA UN FIO SOLO LO FA MATO

(Chi ha un porco solo lo fa' grasso e chi ha un figlio solo lo fa matto)

CHI TÈNE 'NU PORCHE SULE U CRESCE GRASSE, CHI TÈNE A 'NU FIGLIE SULE U CRESCE FESSO

(Chi ha un solo maiale lo cresce grasso, chi ha un solo figlio lo cresce fesso)

QUI HAT UNU FIZU LU FAGHET
MACCU ET QUI HAT UNU PORCU
LU FAGHET RASSU ET QUI HAT
UNU CADDU LU FAGHET VITIOSU

*(Chi ha un figlio lo fa' matto e chi ha un porco lo fa grasso
e chi ha un cavallo lo fa vizioso)*

PUGLIA

FIGGHIE SULE, MAL'AMBARÀTE

(Figli unici, mal educati)

FIGLI UNICI

Questo detto popolare abruzzese, utilizzando la metafora del nutrimento (cibo per il maiale), vuole convincerci che "alimentare" (educare, nutrire, sostenere) un figlio unico significa "ingrassarlo" di attenzioni, fino al punto da causargli un'in-digestione di affetti (ma anche di aspettative) e farlo ammattire.

In realtà la questione è ancora molto dibattuta e non vengono offerte, dagli studiosi, risposte chiare e univoche.

Da una parte sembrerebbe vero, come riportano alcune ricerche (Wolke et al., 2010), che il livello di felicità dichiarato dai bambini tende a diminuire all'aumentare del numero di fratelli e sorelle.

La convivenza forzata con altri soggetti, l'obbligo di condividere spazi e giochi, la necessità di conquistare affetti e risorse fanno sì, secondo la ricerca di Wolke, che si cresca con importanti conflitti interiori.

Tuttavia, numerosi studi riportano quanto sia difficile maturare ed emanciparsi in quanto figli unici: Giusti e Mannucci, in una loro ricerca (2014), riportano che beneficiare di molteplici cure e attenzioni da parte dei genitori può ostacolare il raggiungimento dell'autonomia. Gli autori dello studio dimostrano che i figli unici sono meno competitivi sul lavoro e dimostrano più paura nel confronto con gli altri.

Tra i consigli che Giusti e Mannucci danno ai genitori, ad esempio, vi è quello di evitare di *"colludere con le spinte regressive"* messe in atto dal figlio unico nel momento in cui, com'è normale in qualsiasi processo di crescita e di cambiamento, vi siano fasi di scoraggiamento che inducono ad attuare un passo indietro verso la sicurezza invece che *"in avanti, verso l'incertezza dell'estraneità e della crescita"* (2014).

CHI TROPP STÜDIA, MATT DEVENTA. CHI NÓ STÜDIA, PORTA LA BRENTA

(Chi studia troppo, diventa matto. Chi non studia, porta il mastello)

Stesso significato:

CHI STUDIA TROP, A DVENTA MAT

(Chi studia troppo, diventa matto)

033

CHI VA A LE NOZZE E 'NN È
'NVITATO O È MATTO O È 'MBRIACO

(Chi va al pranzo di nozze senza invito o è matto o è ubriaco)

034

CHI XE AL COVERTO QUANDO PIOVE,
L'È BEN MATO SE EL SE MOVE

(Chi è al riparo quando piove, è matto se si muove)

Stesso significato:

CHIÈ AL COERT QUANDO 'L PIOVE,

L'È MAT SE 'L SE MOVE

(Chi è al riparo quando piove, è matto se si muove)

035

CHIE EST MACCU S'ISTET

IN DOMO SUA

(Chi è matto se ne stia a casa propria)

036

CÍ FÈSC' U D'SCIÚN' D' NATÈL'

O É PPÀCC' O NO' TTÉN' PÈN'

(Chi fa il digiuno a Natale o è pazzo o non ha pane)

037

CI MÀRZ' VÓL' FÈSC' ZUMBÈ

L'ÒGGN' A LU VÓ

(Se marzo vuole, fa saltare l'unghia al bue)

038

CO-I MATTI GHE VÊU Ö BRÜGO

(Con i matti ci vuole la scopa di erica)

INFERMIERI CARCERIERI

Purtroppo, la storia dei manicomi ci consegna medici e infermieri dediti a reprimere, più che a curare.

In un film di Silvano Agosti (1938), intitolato "La seconda ombra" (2000), un paziente dice *"Quando gli infermieri mi massacravano di botte con la pretesa di curarmi, io mi rifugiavo nella mia seconda ombra, e non sentivo il dolore"*.

La brutalità e gli orrori infiniti, perpetrati ai danni delle persone internate nei manicomi è ben nota, ormai, a tutti: cancelli, inferriate, porte chiuse, catene, lucchetti, serrature imperavano sovrani. In questi luoghi le cosiddette "cure" erano rappresentate da contenzione al letto, camicia di forza, bagni freddi, elettroshock, lobotomia.

Scrive Vittorino Andreoli (1940) nel suo libro "I miei matti" (2004) *"Fino ai primi anni Cinquanta, infatti, il sistema più semplice per controllare i folli era quello di immobilizzarli, in modo da contenere la pericolosità. Questo era possibile legandoli alla sedia o al lettino utilizzando stringhe, polsini e cavigliere, oppure imbrigliandoli nella camicia di forza, un indumento di tessuto molto resistente le cui maniche lunghe un metro e sessanta venivano incrociate sul petto e poi annodate dietro lo schiena, così da rendere impossibile qualsiasi movimento.*

Quando anche lacci e camicie risultavano però inefficaci contro la furia del malato, si procedeva al suo isolamento: l'uomo o la donna, completamente nudi per evitare che si facessero del male con i vestiti venivano portati in minuscole stanzette spoglie con le pareti imbottite, vere e proprie celle con porte dotate di spioncino. E qui restavano a sfogare la propria rabbia finché, stremati, non si tranquillizzavano"

Cattivi infermieri o infermieri cattivi? Non saprei dire; forse unicamente infermieri vittime del "sistema", che li voleva "guardiani dei matti" e che li selezionava solo in base alla loro prestanza fisica e a pochissime altre caratteristiche, che nulla avevano a che vedere con il loro curriculum formativo e professionale.

039

COI MATI NO GHE VOL PATI

(Coi matti niente patti)

Stesso significato:

LAZIO

CO LI MATTI NUN SE FANNO PATTI

(Con i matti non si fanno patti)

LOMBARDIA

CON I MACC, NIENT FACC

(Con i matti, niente fatti)

040

COMPANIA D' TRE, DA RE;

D' QUAT, DA MAT

(Compagnia di tre, da re; di quattro, da matti)

041

CU' NASCI TUNNU, NUN PÒ

MURIRI QUATRATU

(Chi nasce tondo non può morire quadrato)

042

CU' PERDE E RIDE È PACCIU

(Chi perde e ride è pazzo)

043

CU' SI TENI E 'UN 'É TINUTU

É UN ASINU VISTUTU

(Chi si tiene e non è tenuto, è un asino travestito)

044

CU' VOLI SAPÌRI CHHIU'

CHI NUN DÌVI,

PI MATTU SI FA TINÌRI

(Chi vuol sapere più di quello che non deve,
per matto si fa tenere)

045

CUI PARRA SULU È PACCIU

(Chi parla da solo è pazzo)

046

D'VOLTE A DÈ DA MENT
AI MAT A S'INDOVINA

(A volte, a dare ascolto ai matti, s'indovina)

047

DÀ IN CUGLIE

(Impazzire, dare i numeri)

048

DDIU U TI LIBBIRA DI LL'OMINI SPANI,
DI FIMMANI BARBUTI E DI BUFFI DI
PONTANU U TI CUNTANU I PATUTI

(Dio ti scampi dagli uomini matti, dalle donne barbute e dalle rane del pozzo che vogliono raccontare i loro patimenti)

049

DE MATT GHE N'È DE TRII SORT:
MATT PROPRI, MATT CHE FA DE
MATT E MATT CHE FA DEVENTÀ MATT

(Di matti ce ne sono di tre specie: matti sul serio, matti che fanno i matti e matti che fanno diventare matti)

050

DENANZ DI CAVAJ, DEDREE DI BŒU
E LONTAN DI MATT

(Davanti al cavallo, dietro al bue e lontano dai matti)

051

DI VOLT A DÀ A TRÀ AI MATT
LA SE INDOVINA

(A volte a dar retta ai matti si ha ragione)

Stesso significato:

D'VOLTE A DÈ DA MENT AI MAT
A S'INDOVINA

(A volte a dar retta ai matti si indovina la risposta)

052

È ASCIUTO PAZZ' 'O PATRONE

(Il padrone è diventato pazzo)

E GATTE Ò BELLE, Ò BRUTTE, Ò SAVIE, Ò MATTE, ANCHE VESTIE DA DONNA EN SEMPRE GATTE

(Le gatte, o belle, o brutte, o sagge, o matte, anche vestite da donna son sempre gatte)

054

'E PPAZZIE D'E CANE FERNESCENO

A CCAZZE 'NCULO

(I giochi dei cani finiscono a cazzi in culo)

'O PAZZARIELLO

E' curioso come il termine pazzià, in napoletano, abbia la stessa etimologia del termine "pazzo". Qualcuno lo fa derivare dal greco "pàizein", che vuol dire "giocare", ma anche dal latino "patiens", ovvero "paziente", e di nuovo dal greco "pathos", che sta per "patimento fisico o morale". Perfino i giocattoli, in particolare quelli destinati ai più piccini, a Napoli si chiamano "pazzielle".

Insomma, parrebbe che, per il napoletano, un vero confine tra follia e saggezza non ci sia, anzi: un pizzico di follia è ritenuto necessario per superare le avversità della vita! A Napoli, un tempo si usava dire "andare in fantasia" quando si voleva indicare l'uscire di senno, l'impazzire.

Sempre a Napoli, da questo termine, nacque la figura del "pazzariello", una sorta di artista di strada, molto diffuso tra la fine del Settecento e la prima metà del Novecento. Era un banditore, una specie di "promoter" al quale si affidava la pubblicità, per le strade di Napoli, di una nuova attività commerciale (spesso vinai o panettieri). Vestiva in modo molto vistoso e si faceva accompagnare, spesso, da una piccola orchestrina composta da tamburino, *putipù* (un tamburo "a frizione"), *scetavajasse* (due bastoncini che si sfregavano tra loro) e *triccheballacche* (tre martelletti in legno che si percuotevano tra loro).

Celebre il pazzariello interpretato da *Totò* (Antonio De Curtis, 1898-1967) nel film di *Vittorio De Sica* (1901-1974) *"L'oro di Napoli"* (1954), tratto dall'omonimo capolavoro di *Giuseppe Marotta* (1902-1963).

055

E PPO' DÍSC'N' KA

L'ARC'PRÉV'T' É PPÀCC'!

(E poi dicono che l'arciprete è pazzo!)

056

EL XE NDA VIA CO I SUI

(È impazzito, è fuori di testa)

FÀCIA CCHJÙ NU PÀCCIU NCASA SÙA, CA NU SÀVIU NCASA D'ARTI

(Fa più un pazzo in casa propria che un saggio in casa altrui)

Stesso significato:

CALABRIA

SAPI JCCHIÙ U PACCIU N'CASA SUA CO SAVIU N'CASA D'ATRI

(Ne sa più il pazzo in casa sua che il saggio in casa altrui)

SCIDI PRUSU UNO MACCU IN

DOMMU SUA CHE UNO SAVÌU

IN DOMMU ALLENA

(Sa più un matto in casa propria che un sano di mente
in casa d'altri)

NE SA PPIÙ ER MATTO A CASA SUA,

CH'ER SAVIO A CASA D'ALTRI

(Ne sa più il matto a casa sua, che il savio a casa d'altri)

NE SA PUSSEE ON MATT A CÀ SOA

CHE ON SAVI A CÀ DI OLTER

(Ne sa più un matto a casa sua che un savio a casa d'altri)

VAL PIÒ TANT Ü MAT IN CA SO CHE Ü SAE 'N CA DI ÓTER

(Vale più il matto nella sua casa che il savio in casa d'altri)

058

FAGHER UNU DE SU MACCU, S 'ATERU DE SU SABIU

(Far uno il pazzo, l'altro il savio)

059

FARE 'U FISSA PPE' 'UN JIRE ALLA GUERRA

(Fare il fesso per non andare in guerra)

Quel pazzo di Ulisse

I Greci erano finalmente pronti per partire all'attacco di Troia: una gigantesca flotta di navi era pronta per salpare e i guerrieri più valorosi dell'Ellade già scommettevano su chi avesse ucciso più nemici ed erano impazienti di partire. Ma ne mancava uno, forse il più importante, uno che avrebbe sicuramente giocato un ruolo importante nella battaglia: Ulisse. Ma come mai non si era presentato?

Uomo, prima ancora che eroe, non voleva lasciare la sua famiglia (anche perché un oracolo gli aveva predetto che, se fosse partito per la guerra, sarebbe rimasto lontano da casa per ben vent'anni) e allora si finse matto.

Quando Agamennone e Menelao giunsero ad Itaca per parlargli, lo videro in condizioni pietose: vestito di poveri stracci, conduceva su e giù per la spiaggia un aratro, seminando sale. Non credettero ai loro occhi: il valoroso e potente re di Itaca che farneticava come un pazzo!

Tornarono indietro con la coda fra le gambe, ma il racconto non convinse Palemede, figlio di Nauplio, re di Eubea, e nipote della danaide Amimone.

Palamede si recò a Itaca, prelevò dalla sua culla il piccolo figlio di Ulisse, Telemaco, e lo posò proprio davanti all'aratro.

Se il re di Itaca fosse davvero impazzito, non si sarebbe fermato davanti al piccolo Telemaco.

Invece Ulisse si fermò e venne smascherato, così non potè fare altro che indossare l'armatura e partire per la guerra.

Ma Ulisse non dimenticò e, tempo dopo, durante la guerra di Troia fece in modo che Palamede venisse accusato di tradimento, grazie ad una lettera falsa fatta ritrovare nella sua tenda.

Palamede fu condannato a morte e venne ucciso.

Magra consolazione, per Ulisse, poiché questa vendetta non gli impedì di tornare a casa dopo vent'anni di una lunga... odissea!

060

FARSE AFFERRÀ PE' PAZZO

(Farsi trattenere come un folle)

Cedere (o anche solamente minacciare di cedere) ad un violento attacco d'ira, dando in escandescenze tali da spingere gli astanti a far ricorso, per calmare l'irato, ai più svariati mezzi di contenzione quelli solitamente riservati ai pazzi. L'*afferrà* della locuzione letteralmente è il contenere con i ferri, mettere i ceppi.

La liberazione dalle catene

Con l'avvento dell'Illuminismo si ritornò ad una visione olistica dell'uomo e il pensiero critico permise ad alcuni scienziati di guardare alla malattia mentale con occhi diversi. Il medico francese Philippe Pinel (1745-1826) nel 1793, in piena Rivoluzione Francese, sfidò i benpensanti liberando dalle catene i pazienti ricoverati nel manicomio di Bicêtre. Governatore del manicomio, e ispiratore di Pinel, fu Jean-Baptiste Pussin (1745-1811), colui che viene ricordato come il primo infermiere psichiatrico ante-litteram che la storia ricordi.

Pinel sosteneva la necessità di un rapporto fra medico e paziente improntato alla fiducia e al rispetto e, in campo psichiatrico, rifiutò di adottare i metodi di contenzione e i trattamenti brutali che erano di uso comune. Pinel descrisse con chiarezza e precisione numerose patologie mentali; attribuì la psicosi non a interferenze soprannaturali, come facevano molti suoi contemporanei, ma alle stesse cause - fattori ereditari, traumi e stress psicologici, stress sociali - individuate dalla psichiatria moderna, della quale è giustamente considerato uno dei padri fondatori.

Jean-Baptiste Pussin accompagnò Pinel nella sua opera riformatrice per molti anni, tagliando catene e altri ignobili mezzi coercitivi anche alla Salpêtrière di Parigi, uno degli ospedali più grandi d'Europa, nel quale furono trasferiti dopo pochi anni.

061

FEMINA RISULANA, O EST MACCA

O EST VANA

(Donna che ride sempre, o è pazza, o è vanitosa)

062

FURTUNA AMICA D'ASINI

E DI PAZZI; DI VIRTUÙSI

NNEMICA MURTALI

*(Fortuna amica di asini e pazzi; dei virtuosi
è nemica mortale)*

063

GUÀLLERE E PPAZZE,

VENONO 'E RAZZA

(Ernie e pazzia, sono ereditarie)

064

I MÀCC I'È DE TRÌ QUALITÀ:

I MÀCC CHE I'È PROPE MÀCC,

I MÀCC CHE I LA FÀ DE MÀCC E

I MÀCC CHE I FA DEENTÀ MÀCC

(I matti sono di tre qualità: i matti che sono proprio matti, i matti che fingono di esserlo e i matti che fanno diventare matti)

065

I MATT HINN MINGA DOMÀ
A MOMBELL, GHE N'È ON POO
DE PER TUTT

(I matti non stanno soltanto a Mombello, ce ne sono un po' dappertutto)

MOMBELLO

Si tratta di una riflessione molto diffusa tra i milanesi di qualche tempo fa. Per "Mombello" si intende una struttura manicomiale presente sul territorio della provincia di Milano, precisamente a Limbiate (MB) il cui nome per esteso era *"Ospedale Psichiatrico Antonini"*. Il complesso nacque intorno alla villa Pusterla-Crivelli-Arconati, già edificio storico, residenza italiana di Napoleone Bonaparte (1769-1821). Nel 1863 il Comune di Milano acquistò l'intera area e ci costruì l'Ospedale Psichiatrico: un'opera immensa, probabilmente il più grande manicomio d'Italia, circondato da mura alte 2 metri per una lunghezza totale di 3 km. Al massimo della capienza arrivò ad ospitare oltre 3.000 pazienti. Ci lavorò, tra gli altri, anche Cesare Lombroso (1835-1909) e vi morì il figlio illegittimo di Mussolini, Benito Albino, nel 1942 (anche se la reale paternità del giovane non fu mai dimostrata). La struttura iniziò la sua dismissione dal 1978 (anno della riforma basagliana) e si concluse nel 1999.

Oggi i suoi edifici sono meta di curiosi che, violandone i divieti, vi entrano per curiosare: un tempo la gente scavalcava i muri per uscirne, oggi lo fanno per entrarci. Gli antichi nonni, per tranquillizzare i nipotini troppo vivaci, dicevano *"Se non fai il bravo, ti porto de la del mur"*.

066

I PAZZI FANU I NOZZI E

I SAVI S I GÙDUNU

(I matti organizzano le nozze e i savi se le godono)

Stesso significato:

CAMPANIA

'O PAZZO FA 'A FESTA E 'O SAVIO

S'A GODE

(Il pazzo fa la festa e il saggio se la gode)

067

IL RISO ABONDA NE LA BOCA DEI PAZZI

(Il riso abbonda sulla bocca dei matti)

068

INUE NON BI HAT MACCOS NON RIENT SABIOS

(Dove non vi sono pazzi non ridono i saggi)

069

L'ASINU SI CANÙSCI A L'ARICCHI,

E LU PAZZU A LU PARRÀRI

(L'asino si riconosce dalle orecchie e il pazzo dal parlare)

070

LA BONA DONA FA LA CA,

LA MATA LA DISFA

(La buona donna fa la casa, la matta la disfa)

071

LA LODE GIOVA AL SAVIO E NUOCE DI MOLTO AL PAZZO

(Identico)

072

LI MATTI E LI FRICHÌ VEGNE SEMPRE

(I matti e i bambini vincono sempre)

073

LI PAZZI E L'OSTINATI, FANNU RICCHI L'AVVUCATI

(I pazzi e gli ostinati, fanno ricchi gli avvocati)

074

LÓDA AL MAT E FAL SALTÈR: S'AL N'È MAT T'AL FÈ DVINTÈR

(Loda il matto e fallo saltare: se non è matto lo farai diventare)

075

LU PÀCCIU MENA E LU SAPUTU CCÒJE
(Il pazzo butta e il colto raccoglie)

076

M' PÈR' A VV'DÉ

LA KÈS' D'U PÀCC'
(Mi sembra di vedere la casa del pazzo)

077

MA CHI SÌ, DIAVULU O NADURÌSI?
(Ma chi sei, diavolo o matto?)

078

MA TE FOSSE JIUTO 'O LLICCESE 'NCAPO?

(Ma ti fosse andato il leccese in testa?)

Fumare fa impazzire?

L'espressione napoletana viene usata nei confronti di chi, senza apparente motivo, comincia a comportarsi in maniera irrazionale.

Il "leccese" a cui si fa riferimento non è un abitante di Lecce, ma un tipo di tabacco da fiuto prodotto tempo addietro nei pressi del capoluogo pugliese.

Nel Salento leccese, fin dal Settecento, si coltivavano i tabacchi per fiuto.

Questi era una coltura tipica di quelle zone. Nel 1771, con editto di Clemente XIV, la congregazione dei monaci Cistercensi, con lo scopo di bonificare i terreni paludosi circostanti il loro convento, iniziarono a dare le terre in censo ai contadini ed a coloro che colpiti da condanna si rifugiavano in convento per ottenere l'impunità; con i ricavi ottenuti i monaci iniziarono la coltivazione di diverse piante e diedero impulso alla coltura del tabacco.

L'espressione paventa il fatto che il tabacco fiutato possa - non si sa bene come - aver raggiunto, attraverso le coane nasali il cervello e leso così le facoltà raziocinanti del fiutatore.

079

MACCOS E MACCOS S'INTENDENT A PARE

(Pazzi e pazzi se la intendono insieme)

080

MACCU ISCUMBATTAT FÌUMEN

(Il pazzo esplora il fiume)

081

MACCU SES O PIRA BENDIS?

(Sei pazzo o vendi pera?)

082

MACCU DE GALERA

(Pazzo da galera)

083

MACCU CUMMENTI UNA CRABA

(Pazzo come una capra)

084

MACCU PERDIU!

(Matto perso!)

085

MANICOMI L'È SCRIVUU DE FOEURA

(Manicomio è scritto fuori)

086

MARZ È PAZZ

(Marzo è pazzo)
Stesso significato:

MARZ L'È PAZ

(Marzo è pazzo)

MARZ' È PAZZE, SOL' E GUAZZE, NEV' E VENTE, TE FA 'SCI' I SENTIMENTE

(Marzo è pazzo, sole e piogge, neve e vento, ti fa uscire di senno)

MARZ' È PAZZE, SOL' E GUAZZE, NEV' E VENTE, TE FA 'SCI' I SENTIMENTE

(Marzo è pazzo, sole e piogge, neve e vento, ti fa uscire di senno)

MARZE, PAZZE

(Marzo, pazzo)

MARZ FIOEU D'ONA BALTROCCA, ORA EL PIŒUV, ORA EL FIOCCA, ORA EL TIRA VENT, ORA EL FA BELL TEMP

*(Marzo figlio di una baldracca, ora piove, ora fiocca,
ora tira vento, ora fa bel tempo)*

MARZU MEZZU BONU E MEZZU PAZZU

(Marzo mezzo buono e mezzo pazzo)

MARZO PAZZERELLO, ESCE IL SOLE, PRENDI L'OMBRELLO

(Identico)

087

MARZU ENI PACCIU OGNI STROFFA

ENI JAZZU MA SE PUNGI

TI CULANU L'UNGHJ

*(Marzo è pazzo ogni ceppaia è giaciglio ma se punge
ti cadono le unghie)*

088

MAT CHI MÈT E MAT CHI NO MÈT

(E' pazzo chi gioca al lotto e pazzo è anche chi non gioca)

MATA LA SCROFA,

MATI I SO PORSEI

(Matta la scrofa, matti i suoi porcellini)

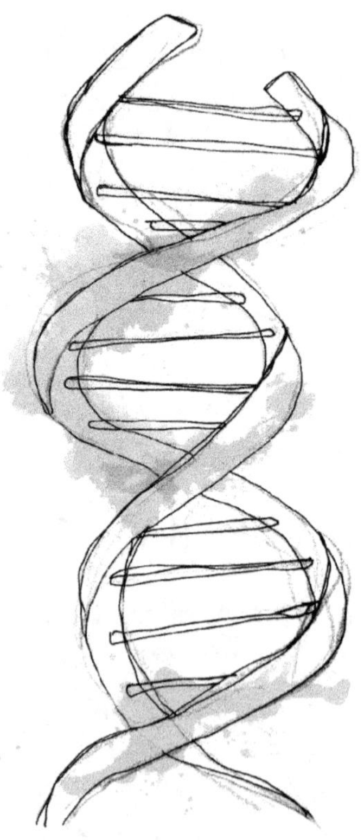

LA PAZZIA SI EREDITA?

Partirei da un presupposto significativo: il DNA, che srotolato è lungo 2 metri, è contenuto in un nucleo cellulare di appena un centesimo di millimetro!

E' incredibile come il DNA possa ripiegarsi su sé stesso, continuando a funzionare, nello spazio, così piccolo, del nucleo di una cellula! Partendo, quindi, da questo presupposto, come posiamo affermare, con assoluta certezza, che le malattie psichiatriche siano o non siano ereditarie? Vi sono ancora racchiusi, nel nostro organismo, infiniti misteri ai quali l'uomo non è stato capace di fornire risposte certe.

Tuttavia, dopo numerose ipotesi fatte sull'eziopatogenesi delle affezioni mentali, che andavano dalla possessione demoniaca, al volere perverso degli Dei, allo squilibrio dei fluidi che attraversano il nostro corpo, al moto dei pianeti, ai conflitti mentali inconsci, molti scienziati hanno studiato (e continuano a farlo) la relazione tra patrimonio genetico e malattia mentale.

Oggi molti ricercatori ritengono che i disturbi psichiatrici nascano in larga misura dalla costituzione genetica delle persone.

In effetti i geni sono le istruzioni per costruire le proteine che controllano il cervello. Ma non è possibile che sia solo una questione genetica: non sempre i gemelli identici, che hanno praticamente lo stesso DNA, sviluppano gli stessi disturbi mentali. Per esempio, se uno dei due diventa schizofrenico, l'altro ha soltanto una probabilità del 50 per cento di soffrire della stessa malattia.

In realtà, un gran numero di dati suggerisce che le malattie psichiatriche sono causate da una complessa interazione tra l'ambiente e alcuni specifici geni. Solo di recente però gli scienziati hanno iniziato a capire come l'ambiente influenza il cervello fino a produrre cambiamenti di ordine psicologico.

Grazie a una nuova concezione della malattia mentale, i ricercatori stanno scoprendo che le esperienze vissute nel corso della vita possono letteralmente «cambiare la testa» di una persona, aggiungendo una specie di patina chimica al DNA che controlla le funzioni del cervello.

Questo processo però non altera la sequenza di DNA usata dalle cellule per sintetizzare le proteine, la cosiddetta «sequenza codificante». Un'esperienza traumatica, l'abuso di stupefacenti, la mancanza d'affetto, possono agire in modo che certe molecole si leghino al DNA di un individuo. Ma senza andare a toccare ciò che costituisce l'essenza di un gene, cioè la sua sequenza codificante.

090

MATT CHE SIA NASSUU MATT

GUARISS DE RAR

(Chi è nato matto raramente guarisce)

091

MATT COME U CAAL!

(Matto come un cavallo!)

092

MATTI, BRIAI E BIMBI HANNO

UN SANTO DALLA SUA

(Matti ubriachi e bambini hanno un santo che li protegge)

093

MATTO È COLUI CHE FABBRICA

SULLA SABBIA

(Identico)

094

MAZ, MES DI MËT E DI SUMËR

(Maggio, mese di matti e di somari)

Maggio di matti e somari

In maggio in Romagna, fin da tempi assai remoti, si credeva che gli asini andassero in amore e che il mese fosse infausto per i matrimoni.

Infatti non se ne celebravano sia per paura che uno dei due coniugi impazzisse e sia perché, come dice il Bagli (1859-1897) *"un' s' cunsòma e lét"* (non si consuma il letto) in quanto uno dei due sposi era destinato a morire anzitempo.

Anche il tagliarsi i capelli in maggio, secondo una diffusa superstizione, avrebbe portato alla pazzia.

In maggio si allungano le giornate tanto che una volta, oltre al "mese dei matti", era chiamato anche il mese dal "collo lungo".

C'è anche una Madonna dei "matti" ad essere venerata a maggio, mese mariano.

Accade a Nepi, in provincia di Viterbo. La seconda domenica di maggio si celebra, nella Chiesa di San Giovanni Decollato, la festa della Madonna di Costantinopoli, venerata però dalla gente come la "Madonna dei matti".

Dipinta su tela agli inizi del Seicento, raffigura l'apparizione della Vergine e del Bambino a due monaci in fuga da Costantinopoli, appena conquistata dai turchi.

La tavola che i due religiosi portano sulle spalle rappresenta il "mezzo" con il quale decisero di scappare da Costantinopoli assediata dai musulmani. Da qui la tradizione fa discendere l'appellativo della Madonna "dei matti", perché la gente sulla riva che vide i due frati scappare via mare a cavallo di un pezzo di legno pensò non a ragioni di fede ma che fossero matti.

Altri attribuiscono l'appellativo ai festeggiamenti con processioni in maschera e feste folcloristiche, altri ancora ritengono che sia la patrona delle persone con malattie mentali.

095

MAZZA E PANELLA FANNO 'E FIGLIE BELL; PANELLA SENZA MAZZA FANNO 'E FIGLIE PAZZE

(Il bastone e pagnotta fanno i figli belli; la pagnotta senza Il bastone fa' i figli pazzi)

Stesso significato:

MAZZE E PANÈLLE FÀSCENE
LE FÌGGHIE BBÈLLE; PANE SÈNZA
MAZZE FÀSCE LE FIGGHIE PAZZE

*(Bastoni e pagnotte fanno le figlie belle; pagnotte senza
bastoni fanno le figlie pazze)*

CALABRIA

MAZZI E PANELLI FANNU
I FIGGHIÒLI BELLI, PANA SENZA
MAZZI FANNU I FIGGHIÒLI PAZZI

*(Le botte e il pane fanno i figli belli, il pane senza botte
fa i figli pazzi)*

MAZZ' E PPANÈLLE, FA LU FIJJE BBÈLLE; PANÈLLE SÈNZA MAZZE, FA LU FIJJE PAZZE

(Bastone e pagnotta, fanno i figli belli; la pagnotta senza il bastone, fa' i figli pazzi)

PAN' E MAZZARÈLL FA LA MOIJ' E LI FIJ' BELL

(Pane e botte fanno la moglie e i figli belli)

PAN' SENZA MAZZ, FANN I FEGL' PAZZ

(Pane senza mazza, fanno i figli pazzi)

Il pane e il bastone

Questo modo di dire, diffusissimo in quasi tutte le regioni italiane, vorrebbe farci credere che senza un discreto livello di severità, unito a punizioni corporali, i figli crescerebbero male, fino a sviluppare una qualche forma di malattia mentale.

Vero, invece, il contrario, stando ad alcuni studi. Gershoff (2002), in un approfondito lavoro di ricerca, dichiara che negli adulti, che da piccoli hanno subito un'educazione violenta da parte dei loro genitori, vi è una maggior presenza di depressione, alcolismo, tendenza al suicidio e bassa autostima.

Sull'argomento si è pronunciato anche il nostro *Ministero della Salute* (informativa n. 150 del dicembre 2014), il quale dichiara che *"...i maltrattamenti infantili sono un problema mondiale, che comporta gravi conseguenze per l'intera durata dell'esistenza..."*. Sempre secondo la stessa fonte ministeriale, lo stress causato dai maltrattamenti è associato a ritardi nella fase iniziale dello sviluppo cerebrale. Uno stress estremo può compromettere lo sviluppo del sistema nervoso e di quello immunitario.

Al di là delle conseguenze sanitarie e sociali dei maltrattamenti infantili, continua il *Ministero della Salute*, esiste un impatto economico, che comprende i costi delle ospedalizzazioni e delle cure di salute mentale, quelli legati al benessere del bambino e i costi sanitari a più lungo termine.

096

MIMÌ, COCÒ E CARMENE 'O PAZZO STEVANO 'E CASA INTO 'O STESSO PALAZZO

*(Mimì, Cocò e Carmine il pazzo abitavano
nello stesso palazzo)*

097

MURO BIANCO, CARTA DA MATI

(Muro bianco, carta da matti)

098

NA FIATA CAPPA LU PACCIU

(Una volta capita il pazzo)

099

NADÈL A CÀ DI TÒ, CARNVÈL A CÀ DI MÀT, PÀSCUA INDÒ 'T T'IMBÀT

(Natale a casa con la tua famiglia, carnevale a casa dei pazzi, Pasqua dovunque ti trovi)

NADAL A CA' SOA, CARNAVAL

A CA' DI MAT,

PASQUA DÒA S'IMBAT

(Natale a casa propria, Carnevale a casa dei matti,
Pasqua dove capita)

101

'NDE SA CCHIÙ 'U PATUTU CA 'U MIADICU

(Ne sa di più chi ha subito una malattia che il medico)

Il paziente?
Un luminare!

Nel campo della salute mentale, la *"recovery"* si riferisce a un processo attivo, dinamico e altamente individuale attraverso cui una persona assume la responsabilità della propria vita, e sviluppa uno specifico insieme di strategie rivolte non solo al fronteggiamento dei sintomi, ma anche alle minacce secondarie della disabilità, che comprendono lo stigma, la discriminazione ed esclusione sociale.

La persona deve poter essere protagonista in ogni fase del proprio percorso di guarigione, come ad esempio la gestione dell'aspetto terapeutico legato ai farmaci e nella distinzione tra assumere un farmaco e usarlo. Usare, infatti, vuol dire poterlo utilizzare coscientemente e consapevolmente per stare meglio.

Per tale motivo, il proverbio 101 non ha tutti i torti, affermando che *"ne sa più il pa-*

ziente che il medico", poiché il paziente, anche secondo i principi della recovery, risulta essere *"il massimo esperto della sua malattia"*.

Come affermano Maone et al. (2015) *"La recovery è qualcosa che "trascende" la dimensione clinica e che si realizza a partire dal risveglio di una dimensione dell'identità a lungo mortificata e sclerotizzata dall'esperienza della malattia e delle sue conseguenze. È quindi un processo personale di sviluppo di un nuovo senso e di una nuova finalità, che può esserci e svilupparsi al di là della malattia mentale. Può essere visto come un processo di apprendimento di strategie e di confronto con sfide quotidiane, un tentativo quindi di superare le disabilità e di imparare ad essere indipendenti contribuendo alla società"*.

102

NEN CUM SANTOS NEN CUM MACCOS
NON SERVIT RUGLIARE

(Non si scherza né con i santi né con i pazzi)

103

NO' TÚTI I MÀTI I SPÀCA I PIÀTI

(Non tutti i matti spaccano i piatti)

104

NON C'È DUBBIU OGNI MATTU

VEN DE GUBBIU

(Non c'è dubbio ogni pazzo viene da Gubbio)

105

NON È SEMPRE SAVIO CHI NON SA

ESSER QUALCHE VOLTA PAZZO

(Identico)

106

NON FU MAI FRETTOLOSO
CHE NON FOSSE PAZZO
(Identico)

107

NON FU MAI GRAN GAGLIARDIA,
SENZA UN RAMO DI PAZZIA
(Identico)

108

NON METTERE IL RASOIO
IN MANO AD UN PAZZO
(Identico)

109

'NU PAZZO È CHI CUNTRASTA
CU 'E STELLE

(E' pazzo chi vuol combattere con le stelle)

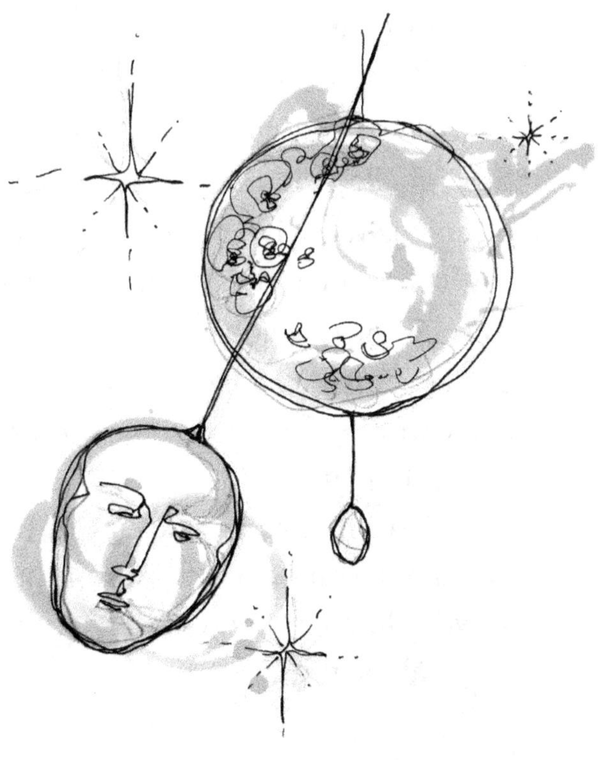

Così lunatiche!

Colgo l'occasione dell'argomento "siderale" per parlare della spiegazione magica, ovvero legata alle superstizioni, della salute mentale. In passato si è spesso associata la follia al "comportamento" degli astri e alle congiunzioni astrali.

Ancora oggi è diffusa la credenza popolare che alcuni disturbi siano da collegarsi alle fasi lunari; tant'è vero che si definisce "lunatica" quella persona che manca di equilibrio psichico, di cattivo carattere, scontrosa.

Invece, in una ricerca apparsa sulla rivista *"Trends in Cognitive Sciences"* (Eldar et al., 2016) si afferma che i lunatici sono più predisposti a correre rischi, quando si imbattono in una situazione positiva e che li rende ottimisti, mentre la capacità di provare più facilmente rabbia o tristezza li porta a conservare le energie quando la situazione non volge al meglio.

Le persone lunatiche, quindi, avrebbero una naturale propensione ad affrontare i cambiamenti, positivi e negativi, della vita con una grande capacità di adattamento.
Altro che matte!

110

'NU PAZZO PE' CASA E 'NA CROCE
PE' CHIESA

(Un pazzo per ogni casa e una croce per ogni chiesa)

111

NUN CI FARE VIRERE UN CULO E
FODDI CA SE' NO CI PARE
FEDDA RI MULUNE

*(Non far vedere il sedere ai pazzi se no gli sembra
una fetta di melone)*

112

OGNE ANNO DDIO 'O CUMANNA

(Una volta all'anno lo comanda Iddio)

Che poi è la trasposizione in napoletano del detto latino *"semel in anno licet insanire"*, che vuol dire *"una volta all'anno è lecito impazzire"*.

113

OGNI MAT AL PÂR SAVI

QUANT CH'AL TÂS

(Ogni matto sembra savio quando tace)

TOSCANA

OGNI PAZZO È SAGGIO QUANDO TACE

(Identico)

TOSCANA

QUANDO NON DICE NIENTE, NON È DAL SAVIO IL PAZZO DIFFERENTE

(Identico)

114

OMM PELOS O MATT O VIRTUOS

(Un uomo peloso o è matto o è virtuoso)

115

PARLARI CU CU' NO SENTI

E FUTTÌRI CU CU' NO STACI

ENI 'NA PAZZIA

(Parlare con chi non sente e amoreggiare con chi non è consenziente è una pazzia)

116

PAZZE E CRIATURE,
'O SIGNORE LL'AJUTA

(Pazzi e bimbi, Dio li aiuta)

117

PER CUNSÀ L'INSALATA AL GA ÖL Ü
SAPIENT, ÜN AVARO, Ü PRODIGO E Ü MAT

(Per condire l'insalata ci vogliono un sapiente, un avaro,
un prodigo e un pazzo)

Stesso significato:

SI VOI AVIRA BONA NZALATA,
POCU ACITU E ASSAI OGGHIATA;
DE SALA NA PIZZICATA,
DE NA PACCIA MANIJATA

(Se vuoi avere una buona insalata, poco aceto e tanto olio; di sale un pizzico, mescolata da una pazza)

LA SALATA LA VĂ ROIÀ
DAL PÙ FOL DLA CÀ

(L'insalata va fatta girare dal più folle della casa)

PER CONDIR BEN LA SALATA GHE VOL TRE DE LORI: UN SAVIO PER CURARLA, UN GENEROSO PER CONDIRLA, UN MATO PER MISIARLA

*(Per condir bene l'insalata ci vogliono tre di loro: un savio
per salarla, un generoso per condirla,
un matto per mischiarla)*

FRIULI-VENEZIA GIULIA

PAR CUINCÂ BEN IL LIDRIC AL ÛL PAL VUELI UN AVÂR, PAL ASÊT UN MODERÂT E A MESEDÂLU UN MAT

*(Per conciare bene l'insalata per l'olio ci vuole un avaro,
per l'aceto un moderato e a mischiarla un matto)*

'NZALATA, BEN SALATA, POCU ACITU E
BEN UGLIATA. QUATTR'OMINI CCI VONNU
PI FARI UNA BONA 'NZALATA: UN PAZZU,
UN SAVIU, UN AVARU E UN SFRAGARU

*(Insalata, ben salata, poco aceto, ben oliata. Quattro uomini ci
voglio per fare una buona insalata: un pazzo, un savio,
un avaro e uno scialacquatore)*

LA SALATA LA VOLE EL SALE DA ON
SAPIENTE, L'ASEO DA ON AVARO,
L'OJO DA ON PRODIGO, SMISSIÀ DA
ON MATO E MAGNÀ DA ON AFAMÀ

*(L'insalata vuole il sale da un saggio, l'aceto da un avaro, l'olio da
un generoso, mescolata da un matto e mangiata da un affamato)*

PERCHË LA SALADA A SIA BUN-A AJ
VA'N PRUDENT A SALELA, N'AVAR
PËR L'ASÌ, AN BUNDUS ANT L'EULI
E'N FOL PER TUIRELA

(Perché l'insalata sia buona ci vuole un prudente per salarla, un avaro per l'aceto, un prodigo per l'olio e un folle per girarla)

LAZIO

PE' CONDÌ BENE L'INSALATA CE VONNO
QUATTRO PERSONE: UN SAPIENTE PE' MET-
TECE ER SALE, UN AVARO L'ACETO, UNO
SPREGONE L'OJO E UN MATTO CHE LA
MISCHI E LA SMUCINI

(Per condire bene l'insalata ci vogliono quattro persone: un saggio per metterci il sale, un avaro l'aceto, uno sprecone l'olio e un matto che la mischi per bene)

118

POETI, PITTORI, ASTROLOGI E MUSICI,

FANNO UNA GABBIA DI MATTI

(Identico)

119

PRATICANDO CO' PAZZI, SI CORRE

IL RISCHIO D'IMPAZZIRE

(Identico)

120

PROMETTER NON È DARE, MA PER MATTI CONTENTARE

(Identico)

121

QUANNO LO SIGNORE VO' CASTICARE A UNO 'LLE LEVA 'E SENZE

(Quando il Signore vuol castigare, a uno gli toglie i sensi)

Stesso significato:

A CHI DIO VUOL CASTIGARE, LEVA IL CERVELLO

(Identico)

122

QUEL CHE MAT VOEUL, MAT NU VOEUL; QUEL CHE MAT NU VOEUL, MAT VOEUL

(Quello che il matto vuole, il matto non lo vuole; quello che il matto non vuole, il matto vuole)

123

RISU SENZA RAGIUNI O È DI PAZZU
O È DI MINCHIUNI

(Riso senza motivo o è di pazzo o è di sciocco)

124

ROBBA VECCHIJE A CAS
DE PEZZ MORE

(Roba vecchia a casa di pazzi muore)

Stesso significato:

ROBBA VJECCHJE 'N CASE

DE PAZZE MORE

(Roba vecchia a casa dei pazzi muore)

Il collezionista

Questo proverbio riporta alla memoria la singolare storia di Diego De Henriquez (1909-1974), un bizzarro collezionista triestino che raccoglieva cimeli di guerra. Dedicò tutta la sua vita alla raccolta di materiale bellico, sia della prima che della Seconda guerra mondiale. Era un marchese e la sua ossessione lo portò a dilapidare tutto il patrimonio di famiglia per arricchire il suo assortimento di antichità. Riempì la sua casa, poi altre case e poi interi magazzini. In uno di questi, dove aveva l'abitudine di indossare una maschera da samurai tutte le sere, prima di andare a dormire in una bara che usava come giaciglio, trovò la morte, vittima di un incendio, forse doloso.

E' intitolato a lui il civico "Museo di guerra per la pace", che si trova a Trieste, in via Cumano 22.

125

ROSO DE PEO, MATO DE SERVEO

(Rosso di capelli, matto di cervello)

ROSSO MALEDETTO

Una diffusa credenza, vecchia come il mondo, ritiene che le persone coi capelli rossi (caratteristica che si chiama "rutilismo") siano facilmente irascibili, se non addirittura più inclini di altri agli atteggiamenti litigiosi o violenti. Nell'antico Egitto si consideravano i "rossi" come discendenti di Seth e si attribuiva loro una maggiore ferocia.

Nel medioevo al rutilismo si associava una degenerazione morale caratterizzata da un desiderio sessuale molto forte, quasi bestiale. Nel *"Malleus Maleficarum"*, Il più importante trattato antistreghesco di fine Quattrocento, si scriveva che avere i capelli rossi era segno dell'essere una strega, un lupo mannaro o un vampiro.

Ne *"Il giovane Holden"* (1951) Salinger (1919-2010) scriveva che *"...le persone coi capelli rossi diventano pazze molto facilmente..."*, mentre Giovanni Verga (1840-1922), in "Rosso Malpelo" (1878) narrava di un ragazzo che lavorava in una cava di rena rossa. Inasprito da pregiudizi che la mentalità popolare attribuiva a chi aveva i capelli rossi, non trovava affetto nemmeno dalla madre che non si fidava di lui e lo sospettava di rubare soldi dallo stipendio che portava alla famiglia.

Infine, Cesare Lombroso (1835-1909) e Guglielmo Ferrero (1871-1942) cercarono di dare a questa credenza popolare una valenza scientifica, concludendo che i capelli rossi si associavano ai delinquenti, autori di crimini a sfondo sessuale.

E, parlando di proverbi o modi di dire, eccovi una piccola selezione: a Milano si dice *"Ul pusè bun di russ, l'ha sgiacàa so pà in dal puss"* (il più buono dei rossi ha buttato suo padre nel pozzo); allo stesso modo a Bergamo *"Ol piö bù di ròss, l'a bötàt ol sò pàder 'ndel fòss"*. Piccola variante in Veneto, dove si afferma *"El più bon dei rossi l'ha copà so pare..."* (il più buono dei rossi ha ucciso suo padre...). In Toscana, invece, dicono che *"Di pelo rosso non son boni nemmeno i maiali"* mentre, in Brianza, sono convinti che *“Rossa de cavei, golosa d'usei”* (rossa di capelli, golosa d'uccelli).

126

S'ABBA OGNI COSA ND'ANDAT,

FORAS SU MACHINE

(L'acqua leva ogni cosa, salvo la pazzia)

127

S'A CIAPEISU IJ FOI A MESDÌ,

TI A NEUV URI TI SARII PÌ NEN

*(Se prendessero i matti a mezzogiorno, tu alle nove
non ci saresti più)*

128

S'HOMINE MACCU ISTAT

IN S'ABBA E SIDIDU

(L'uomo pazzo sta nell'acqua assetato)

129

SE IJ FOJ A PURTEISU TUTI

'NA BERTA BIANCA,

A SMIJREIVU TUTI NÀ NIÀ D'OCHI

(Se i matti portassero tutti una berretta bianca,
sembreremmo tutti una nidiata d'oche)

130

SE L'ARTE DE LI MATTI NON VOLI

FÀ, NON DEVI DÌ CHE LO SFASCIÀ

E 'LOR FÀ È TUTTO UN LAVORÀ

(Se l'arte dei matti non vuoi fare devi dire che il fare e il rifare è tutto un lavorare)

131

SE LA PAZZIA FOSSE DOLORE,

IN OGNI CASA SI SENTIREBBE

STRIDORE

(Identico)

SÎ ARRIVATO ALLA MONACA

'E LIGNAMME

(Sei arrivato dalla monaca di legno)

Mastro Giorgio

Che è una delle tante espressioni partenopee per dire che una persona è ammattita.

Fin dal 1600, le malattie mentali, a Napoli, si curavano (si fa per dire) all'Ospedale degli Incurabili, dove era situato anche il Monastero delle Pentite. Sulla soglia di questo si trovava una scultura in legno raffigurante una suora nel gesto di elemosinare. Essere arrivato nei pressi di questa statua, quindi, significava essere bisognosi di cure psichiatriche (qualsiasi cosa volesse dire all'epoca).

In questo ospedale lavorava tal Giorgio Cattaneo, un medico di cui si parla anche nella nota al proverbio n. 138 (vedi), la cui bravura viene riportata in un canto popolare di fine Seicento:

> *"Comme te voglio amà, ca sî 'na pazza?*
> *Nun tiene 'na parola de fermezza...*
> *Vatténne a Nnincuràbbele pe pazza, /*
> *là ce sta Mastu Giorgio ca t'addrizza!"*

La tradizione ce lo consegna con l'appellativo di *"Mastu Giorgio"* e con tale termine si identifica, ancora oggi, colui che è deputato a sedare risse, litigi in famiglia o sul lavoro, ovvero una persona capace di abilità dialettiche, ma anche fisiche, atte a riportare la pace nel gruppo.

Un poeta seicentesco, tal Biaso Valentino, così lo invoca:

"Deh, mastro Giorgio mio, dotto e saputo,

che tanta cape tuoste aje addomate,

si nun te muove a darce quarch'aiuto,

nuje simmo tutte quante arrovenate".

133

SOS MACCOS E SOS PITZINNOS

NARANT SA VERIDADE

(I matti ed i bambini dicono la verità)

134

SPUSES NA VOLTA, PACENZA,

AL PO' CAPITÈ MA TUT,

MA DÒ L'È DA MATT!

(Sposarsi una volta, pazienza, può capitare a tutti,
ma due volte è da matti!)

135

STO MONDO AL É NA CABIA DE MAT

(Questo mondo è una gabbia di matti)

136

SU MACCU IMPARAT SU SABIU

(Il pazzo insegna al savio)

137

SU MACCU SI BIDET IN D'OGNI LOGU

(Il pazzo si fa conoscere dovunque)

138

SU PERDONARE EST DE DEUS, SU ISMENTIGARE EST DE MACCOS

(Il perdonare è di Dio, il dimenticare è dei pazzi)

139

T'E PIGLIATO 'E CCIENT'OVE

(Hai preso/bevuto le cento uova)

Le uova di
Giorgio Cattaneo

Detto popolare che sta a significare "Sei diventato pazzo". Tale modo di dire ha origine nel Seicento, al tempo di un notissimo medico dell'Ospedale degli Incurabili (nosocomio partenopeo, sorto nel Cinquecento e specializzato nella cura delle malattie mentali), ovvero Giorgio Cattaneo.

Dal nome di battesimo di questi, deriva anche il termine "mastuggiorgio", che ancora oggi viene usato come appellativo per gli infermieri dell'area della Salute Mentale. Questo medico propose nuovi metodi di cura, razionali ed economici, alternativi ai più costosi a base di salassi, purghe, decotti e altri più specifici.

Essi consistevano in cure per i "troppo agitati" e cure per i "troppo tranquilli".

Ai primi faceva girare una ruota, fino a sfiancarli, al fine di attingere acqua da un pozzo (all'epoca ancora ce n'erano, nei cortili degli ospedali).

Ai secondi veniva somministrata una cura "ricostituente", basata sull'assunzione di cento uova che aveva il filantropico scopo di restituire energia ai pazienti infiacchiti dalla malattia.

Ai più furiosi veniva riservata la cura tradizionale, ovvero la frusta (detta "cignone"), allo scopo di spegnere energicamente l'eccesso di vitalità.

140

TÖCC I MÀCC I FÀ I SO ÀCC

(Tutti i matti fanno i loro atti, ovvero fanno ciò che gli pare)

141

TRABALLU INUTILI, TRABALLU MACCU

(Lavoro che non arreca utilità, lavoro pazzo)

142

TUC I MAT AI SÔN NEN ALL'OSPIDAL

(Non tutti i matti sono all'ospedale)

143

TUTI I MATI NO XE A L'OSPEDAL

(Non tutti i matti sono all'ospedale)

144

TUTTI I PAZZI SI FANNO

A SCORGERE

(Identico)

145

SON PIÙ I MATTI CHE SON FORI

CHE VELLI CHE SON DRENTRO

(Identico)

146

TERRA STRETTA E CASA FATTA,

CHI LA COMPRA NON È MATTO

(Identico)

147

TRE VOTE SE VACE MPACCIJE:

GIUVENTÙ, MIEZZETEMPE

E VECCIAIE

(Tre volte si impazzisce: gioventù, mezza età e vecchiaia)

148

TUTI A GÒDU A VUGHI I MAT

AN PIASA, MA CA SIU NEN'D

LA SO RASA

*(Tutti godono nel vedere i matti in piazza, ma che
non siano della loro famiglia)*

149

TUTI IJ FÔI A SMIU SAN QUAND

C'A STAN CITU

(Tutti i matti sembrano sani quando stanno zitti)

150

TUTI IJ FOI A VEULO

DÈ DI CUNSEJ

(Tutti i matti vogliono dare dei consigli)

151

TUTI QUANTI SEMO MATI,

PER QUEL BUSO CHE SEMO NATI

(Tutti andiamo pazzi per il buco dal quale siamo nati)

152

TUTT I MATT G'HANN NOM MATTEE,

MA QUELL CHE DISI MI

L'È MATT PUSSEE

*(Tutti i matti si chiamano Matteo, ma quello che dico io
è ancor più matto)*

153

U CANI MÙZZIKIT' SSEMBE

A U STRAZZATU

(Il cane morde sempre lo stracciato, il povero)

Stesso significato:

'U CANI MUZZICA SEMPI 'U SCIANCATU

(Il cane morde sempre il disgraziato)

'O CANE MOZZECA SEMPE 'O STRACCIATO

(Il cane morde sempre lo straccione)

LU CANI MÙZZICA A LU SFARDATU

(Il cane morde lo straccione)

U CHE VE O STRAZZAT

(Il cane morde lo stracciato)

I TAROCCHI

Ho inserito questo detto, anche se all'apparenza non sembra avere nulla a che fare con l'argomento, perché trattasi di un'immagine allegorica presente sulle carte dei Tarocchi: la numero "0", ovvero "il matto".

Una rappresentazione del malato di mente assolutamente fedele a quella che è stata (e purtroppo, in molti casi, è ancora) la sua condizione esistenziale nelle varie epoche storiche: un giullare, un poveraccio, malmesso e vestito di stracci, porta con sé poche cose (racchiuse in un fagotto in cima ad un bastone), si dirige verso un futuro incerto, che spesso termina con un precipizio, il vuoto, ed è perseguitato da un cane che gli abbaia contro.

154

'U PACCIU FACI A FESTA

E U FURBU SA GODI

(Il pazzo organizza la festa e il furbo se la gode)

155

ÜCH VEUL SAVER LA VERITÀ, VAGA

DA UN MATT O DA UN BÜRIAG

(Chi vuol sapere la verità, vada da un matto o da un ubriaco)

156

UN MAT AL FÂS MATEÂ CENT SAVIS

(Un matto fa ammattire cento savi)

157

UN MATT N' FA CENT

(Un matto ne fa cento)

158

UN MATTO O NE FA RIE QUATTRO

(Un matto ne fa ridere quattro)

Don Chisciotte della Mancia

Di personaggi celebri, sia nella realtà che nella letteratura, che hanno fatto ridere in funzione della loro perdita di senno, ce ne sono moltissimi. Uno fra tanti, forse il più celebre, è Alonso Quijano, altrimenti conosciuto come Don Chisciotte della Mancia.

Questi è un personaggio, nato dalla penna dello scrittore spagnolo Miguel de Cervantes (1547-1616), nobiluomo morbosamente appassionato di romanzi cavallereschi.

Le sue letture lo appassionano al punto da fargli confondere la realtà con la fantasia: si convince, così, di essere "chiamato" a diventare un cavaliere errante e di partire, in giro per il mondo, a raddrizzare torti e a difendere i più deboli.

Si ribattezza Don Chisciotte della Mancia e inizia a girare la Spagna, coinvolgendo nelle sue avventure un contadino, tal Sancho Panza, che gli fa da scudiero.

Per non essere da meno a tanti, blasonati cavalieri, elegge anche una contadina a dama alla quale dedicare le sue ardimentose imprese, una certa Aldonza Lorenzo, da lui ribattezza Dulcinea del Toboso. Ossessionato da deliri e allucinazioni, vivrà molte avventure, nelle quali scambierà mulini a vento con giganti dalle braccia rotanti, greggi di pecore con eserciti arabi e così via, scatenando l'ilarità degli involontari spettatori.

L'impotente Sancho Panza, all'interno della struttura narrativa del romanzo, rappresenta l'immancabile parte razionale che tuttavia, in alcuni frangenti, finirà per farsi coinvolgere dal padrone.

Don Chisciotte capitolerà malamente, riacquistando il senno, e il suo epitaffio, scritto da colui che lo avrà battuto nell'ultima sfida, tal Sansone Carrasco, recita:

Giace qui l'hidalgo forte, che i più forti superò,
e che pure nella morte la sua vita trionfò.
Fu del mondo, ad ogni tratto,
lo spavento e la paura;
fu per lui la gran ventura
morir savio e viver matto.

159

USCIRE DAL SEMINATO
(Significa "dare fuori di testa", deviare dalla retta via)

160

VALE CCHIÙ 'NA BONA PAROLA

CA CIANTU LIGNATE
(Vale più una parola convincente che cento legnate)

161

VECCHIO INNAMORATO,

PAZZO SPACCIATO
(Identico)

162

VENESSIANI GRAN SIGNORI,
PADOVANI GRAN DOTÒRI,
VICENTINI MAGNAGÀTI,
VERONESI TUTI MATI

*(Veneziani gran signori, Padovani gran dottori,
Vicentini mangia-gatti, Veronesi tutti matti)*

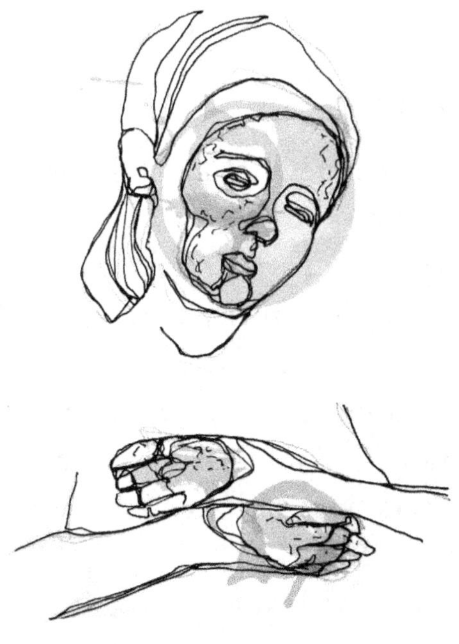

Veronesi tutti matti?

Ci sono almeno due teorie che spiegano perché, secondo il detto, i Veronesi sono considerati "tutti matti".

La prima è collegata ad un fatto storico-scientifico: in passato, in tutte le campagne del veronese (e, in genere, in tutto il Veneto) era diffusissima una malattia chiamata "pellagra". Questa colpiva le persone che si alimentavano esclusivamente di polenta di sorgo o di mais e, di conseguenza, non assumevano importanti nutrienti contenuti, invece, negli alimenti freschi e ricchi di vitamine.

La pellagra era caratterizzata da desquamazione della pelle, diarrea, perdita di peso e di appetito. Ma particolare rilievo rivestivano i sintomi neuropsichici (confusione, deterioramento intellettivo, demenza) che spesso erano interpretati come segno di una malattia mentale.

La seconda teoria è legata ad una tradizione risalente al 1208: il Palio di Verona. Si tratta della corsa organizzata più antica del mondo e venne istituito per festeggiare la vittoria di Ezzelino Da Romano, divenuto signore di Verona, contro i guelfi di San Bonifacio e Azzo VI d'Este. Venne ideato come un evento che coinvolgeva tutta la popolazione e che vedeva in palio due premi: il "drappo rosso", riservato a chi vinceva la corsa coi cavalli, e il "drappo verde" riservato ai corridori a piedi i quali, nelle prime edizioni, correvano nudi. Da queste caratteristiche, che fecero di Verona la capitale europea del divertimento, nacque forse il detto "veronesi tutti matti".

Va infine precisato che nella parlata veneta, dare del "mato" ad una persona non vuol dire che è malato di mente, anzi: spesso si definisce tale una persona anche stravagante, ma con idee brillanti e geniali.

BIBLIOGRAFIA

AA.VV. (2005) *Proverbi & modi di dire. Emilia-Romagna. Polenta e latte ingrassano il sedere - Pulëinta e lat ingràsan il cülat.* Milano: Simonelli Editore

AA.VV. (2011) *Proverbi e modi di dire. Calabria. Se semini spine non puoi andare scalzo. Si simmini spine un po' jire sàuzo.* Milano: Simonelli Editore

AA.VV. (2011) *Proverbi e modi di dire. Campania. La mamma degli imbecilli è sempre incinta. I schéi no i ga ganbe ma i core.* Milano: Simonelli Editore

AA.VV. (2011) *Proverbi e modi di dire. Veneto. I soldi inon hanno gambe ma corrono. A mamma d' 'e fesse è sempe prena.* Milano: Simonelli Editore

AA.VV. (2011) *Proverbi e modi di dire. Lazio. La madre brutta fa i figli belli. Madre brutta fa li fiji bbelli.* Milano: Simonelli Editore

AA.VV. (2013) *Proverbi e modi di dire. Umbria.* Meglio un amico che cento parenti. Meju n'amicu che centu parenti. Milano: Simonelli Editore

Alajmo R. (2012) *Repertorio dei pazzi d'Italia. Lunatici, giullari e matti che vengono per le nostre città.* Milano: Il Saggiatore.

Arlotti T. (2006) *U s disi sé. Proverbi e detti in dialetto riminese.* Rimini: Panozzo Editore

Bagli G. G. (2006) *Proverbi, usi, pregiudizî, canti, novelle e fiabe popolari in Romagna.* A cura di Giuseppe Bellosi. Con un saggio di Angelo Fabi. Imola: Editrice La Mandragora

Buonocore E. (1907) *Mastogiorgio (Giorgio Cattaneo) nella storia della cura della pazzia.* Napoli: Chiurazzi

Canale Berruti T. (1989) *'Na muzzata calabrisi. Volume primo.* Reggio Calabria: Grafica Enotria

Canale Berruti T. (1990) *'Na muzzata calabrisi. Volume secondo.* Reggio Calabria: Grafica Enotria

Canale Berruti T. (1993) *'Na muzzata calabrisi. Volume terzo.* Reggio Calabria: Grafica Enotria

Canale Berruti T. (1994) *'Na muzzata calabrisi. Volume quarto.* Reggio Calabria: Grafica Enotria

De Carlo V. (2011) *Proverbi e modi di dire milanesi.* Roma: Newton Compton Editori

Dolcino M. (2009) *Mini libro dei proverbi genovesi.* Genova: Nuova Editrice Genovese.

Eldar E., Rutledge R. B., Dolan R. J., Niv J. (2016) Mood as Representation of Momentum. *Trends in Cognitive Sciences,* 20(1): 15-24

Ferrante M. (1992) *Proverbi veneti. Volume I.* Scorzé: E. C. Editorial Center

Gatt J. M., Burton K. L. O., Schofield P. R., Bryant R. A., Williams L. M. (2014) The heritability of mental health and wellbeing defined using COMPAS-W, a new composite measure of wellbeing. *Psychiatry Research*, 219(1): 204-213

Gershoff E. T. (2002) Corporal punishment bycvcfh parents and associated child behaviors and experiences: a meta-analytic and theoretical review. *Psychological Bulletin*, 128(4): 539-579

Giani S. (2003) *Proverbi e detti della campagna fiorentina.* San Casciano Val Pesa: Tipografia M. B.

Giusti E., Manucci C. (2014) *Figli unici: psicologia dei vantaggi e dei limiti.* Roma: Armando Editore

Grandotto D. (2009) *Proverbi e modi di dire in dialetto vicentino.* Chiampo: Contro Riccardo Editore

Kramer H., Sprenger J. (2010) *Malleus Maleficarum.* Mineola, New York: Dover Publications

Lombroso C. Ferrero G., (2006) *Criminal woman, the prostitute, and the normal woman. Translated by Rafter N. & Gibson M.* Bibliovault OAI Repository, the University of Chicago Press.

Maieron M. A. (2013) *Il matto dei tarocchi, Alice e il Piccolo Principe. La follia come diversità nella cultura e nella società.* Milano: Mimesis Edizioni

Malizia G. (2004) *Proverbi, modi di dire e dizionario romanesco.* Roma: Newton & Compton Editori

Maone A., D'Avanzo B. (2015) *Recovery: nuovi paradigmi per la salute mentale.* Milano: Raffaello Cortina Editore

Merluzzi A. (2015) *Madri assassine. Dal dramma di Medea alla psicopatologia del quotidiano.* Reggio Emilia: Imprimatur.

Quaranta G. (2006) *Dissimu e dicu - raccolta commentata di detti e proverbi di Anoia.* Polistena: Amministrazione Comunale di Anoia

Papuzzi A. (1977) *Portami su quello che canta.* Torino: Giulio Einaudi Editore

Petracci M. (2014) *I matti del Duce. Manicomi e repressione politica nell'Italia fascista.* Roma: Donzelli Editore

Rianò I. C. (1993) *Proverbi e detti della Locride.* Napoli: Casa Editrice Fausto Fiorentino

Roscioni L. (2003) *Il governo della follia. Ospedali, medici e pazzi nell'età moderna.* Milano: Bruno Mondadori

Routledge K. M., Burton K. L. O., Williams L. M., Harris A., Schofield P. R., Clark C. R., Gatt J. M. (2016) Shared versus distinct genetic contributions of mental wellbeing with depression and anxiety symptoms in healthy twins. *Psychiatry Research,* 244: 65-70

Rutigliano R. (s.d.) *La saggezza antica dei proverbi napoletani.* Napoli: Poligrafica Marotta

Salinger J. D. (2014) *Il giovane Holden.* Torino: Giulio Einaudi Editore

Schwamenthal R., Straniero M. L. (1991) *Dizionario dei proverbi italiani.* Milano: RCS Rizzoli Libri S.p.A.

Sgarzi U. (2004) *Il mondo è una gabbia di matti. Proverbi bolognesi.* Bologna: Edizioni Pendragon.

Sissoldo Fiorini D., Maina D. (1995) *A mòda nòstra. Motti, proverbi, indovinelli e gergo.* Torino: Editrice Il Punto

Skew A. J., Wolke D., Knies G. (2010) An only child is a happy child, says research. *Observer.*

Verga G. (2013) *Rosso Malpelo e altre novelle.* Loreto: La Spiga Edizioni

Vincenzi R. (2007) Pedagogia nera - la filosofia di Schreber. *Diagnosi & Terapia,* 28(8): 35-37

Finito di stampare nel mese di Gennaio 2019
per conto di Youcanprint *Self-Publishing*